Europäisches Parlament, Rat der Europäischen Union

Verordnung (EU) Nr. 228/2013 des Europäischen Parlaments und des Rates vom 13. März 2013

über Sondermaßnahmen im Bereich der Landwirtschaft zugunsten der Regionen in äußerster Randlage der Union und zur Aufhebung der Verordnung (EG) Nr. 247/2006 des Rates

AP

Antiphon Verlag

Europäisches Parlament, Rat der Europäischen Union

Verordnung (EU) Nr. 228/2013 des Europäischen Parlaments und des Rates vom 13. März 2013

über Sondermaßnahmen im Bereich der Landwirtschaft zugunsten der Regionen in äußerster Randlage der Union und zur Aufhebung der Verordnung (EG) Nr. 247/2006 des Rates

1. Auflage 2026 | ISBN: 978-3-38798-669-3

Antiphon Verlag ist ein Imprint der Antiquum Novum Verlag.

Verlag: Antiquum Novum Verlag UG (haftungsbeschränkt), Im Erlengrund 6a, 35510 Butzbach, Deutschland,
info@antiquum-novum.de
Vertretungsberechtigt: E. Roepke, Zeilweg 44, 60439 Frankfurt, Deutschland
Druck: Libri Plureos GmbH, Friedensallee 273, 22763 Hamburg, Deutschland

VERORDNUNG (EU) Nr. 228/2013 DES EUROPÄISCHEN PARLAMENTS UND DES RATES

vom 13. März 2013

über Sondermaßnahmen im Bereich der Landwirtschaft zugunsten der Regionen in äußerster Randlage der Union und zur Aufhebung der Verordnung (EG) Nr. 247/2006 des Rates

DAS EUROPÄISCHE PARLAMENT UND DER RAT DER EUROPÄISCHEN UNION —

gestützt auf den Vertrag über die Arbeitsweise der Europäischen Union, insbesondere auf Artikel 42 Absatz 1, Artikel 43 Absatz 2 und Artikel 349,

auf Vorschlag der Europäischen Kommission,

nach Zuleitung des Entwurfs des Gesetzgebungsakts an die nationalen Parlamente,

nach Stellungnahme des Europäischen Wirtschafts- und Sozialausschusses [1],

gemäß dem ordentlichen Gesetzgebungsverfahren [2],

in Erwägung nachstehender Gründe:

(1) Mit der Verordnung (EG) Nr. 247/2006 des Rates [3] wurden Sondermaßnahmen im Bereich Landwirtschaft eingeführt, um die Probleme infolge der außergewöhnlichen Situation der Regionen in äußerster Randlage der Union gemäß Artikel 349 des Vertrags über die Arbeitsweise der Europäischen Union (im Folgenden der „Vertrag") zu beheben. Diese Maßnahmen wurden über Förderprogramme für die einzelnen Regionen umgesetzt, die ein wesentliches Instrument für die Versorgung dieser Regionen mit landwirtschaftlichen Erzeugnissen darstellen. Angesichts der Notwendigkeit, die gegenwärtigen Maßnahmen zu aktualisieren, einschließlich infolge des Inkrafttretens des Vertrags von Lissabon, ist es erforderlich, die Verordnung (EG) Nr. 247/2006 aufzuheben und durch eine neue Verordnung zu ersetzen.

(2) Die grundlegenden Ziele, zu deren Verwirklichung die Regelung zugunsten der Regionen in äußerster Randlage der Union beiträgt, sollten präzisiert werden.

(3) Es ist auch notwendig, den Inhalt der Programme zur Lösung der spezifisch auf die Abgelegenheit und die Insellage zurückzuführenden Probleme („POSEI-Programme") zu präzisieren, die die betreffenden Mitgliedstaaten in Anwendung des Subsidiaritätsprinzips auf der geografischen Ebene, die sie für die geeignetste halten, aufstellen sollten und die der Kommission zur Genehmigung vorgelegt werden sollten.

(4) Um die Ziele der Regelung zugunsten der Regionen in äußerster Randlage der Union effizienter verwirklichen zu können, sollten die POSEI-Programme Maßnahmen enthalten, die die Versorgung mit landwirtschaftlichen Erzeugnissen sowie die Erhaltung und Entwicklung der örtlichen landwirtschaftlichen Erzeugung gewährleisten. Es ist angezeigt, die Programmplanungsebene für die betroffenen Regionen zu harmonisieren und das Konzept der Partnerschaft zwischen der Kommission und den Mitgliedstaaten systematisch anzuwenden.

(5) In Anwendung des Subsidiaritätsprinzips und im Bestreben um Flexibilität als den zwei Prinzipien, auf denen das Programmplanungskonzept für die Regelung zugunsten der Regionen in äußerster Randlage basiert, können die von dem betreffenden Mitgliedstaat bezeichneten Behörden Änderungen am Programm vorschlagen, um dieses mit der Realität der Regionen in äußerster Randlage in Einklang zu bringen. Diese Behörden sollten gemäß dem Grundsatz der Verwaltungsvereinfachung die POSEI-Programme ändern können, soweit sie dadurch die Effizienz und die entsprechende Mittelausstattung der POSEI-Programme nicht in Frage stellen. Das Verfahren zur Änderung des Programms sollte diesem Ansatz entsprechend so gestaltet werden, dass es der Relevanz der jeweiligen Art von Änderung entspricht.

(6) Um die Versorgung der Regionen in äußerster Randlage mit wesentlichen landwirtschaftlichen Erzeugnissen zu gewährleisten und die durch die äußerste Randlage dieser Regionen bedingten Mehrkosten auszugleichen, empfiehlt es sich, eine besondere Versorgungsregelung einzuführen. Durch die außergewöhnliche geografische Lage der Regionen in äußerster Randlage entstehen in der Tat Mehrkosten für die Versorgung mit Erzeugnissen, die für den menschlichen Verzehr oder zur Verarbeitung oder zum Einsatz als landwirtschaftliche Produktionsmittel benötigt werden. Außerdem verursachen andere objektive Faktoren, die mit der äußersten Randlage und insbesondere der Insellage und der geringen Fläche zusammenhängen, den Marktteilnehmern und den Erzeugern dieser Regionen zusätzliche Nachteile, die ihre Tätigkeiten erheblich erschweren. Diese Nachteile lassen sich durch eine Senkung der Preise für diese wesentlichen Erzeugnisse mildern. Durch die besondere Versorgungsregelung sollten jedoch keinesfalls die dort erzeugten Produkte und deren Entwicklung beeinträchtigt werden.

(7) Deshalb sollten ungeachtet des Artikels 28 des Vertrags die Einfuhren bestimmter landwirtschaftlicher Erzeugnisse aus Drittländern von den geltenden Einfuhrzöllen befreit werden. Um ihrem Ursprung und der Zollbehandlung, die ihnen durch die Vorschriften der Union eingeräumt wird, Rechnung zu tragen, sollten Erzeugnisse, die im Zollgebiet der Union Gegenstand eines aktiven Veredelungsverkehrs oder eines Zolllagerverfahrens waren, zum Zwecke der Gewährung der Vorteile der besonderen Versorgungsregelung Direkteinfuhren gleichgestellt werden.

---

[1] ABl. C 107 vom 6.4.2011, S. 33.

[2] Standpunkt des Europäischen Parlaments vom 5. Februar 2013 (noch nicht im Amtsblatt veröffentlicht) und Beschluss des Rates vom 25. Februar 2013.

[3] ABl. L 42 vom 14.2.2006, S. 1.

(8) Um das Ziel, die Preise in den Regionen in äußerster Randlage zu senken und dabei die durch die äußerste Randlage bedingten Mehrkosten zu verringern, wirksam zu erreichen, sollten für die Lieferung von Erzeugnissen der Union in diese Regionen in äußerster Randlage Beihilfen gewährt werden. Dabei sollte den Mehrkosten der Verbringung in die Regionen in äußerster Randlage, den Kosten für Ausfuhren in Drittländer und, soweit es sich um landwirtschaftliche Produktionsmittel oder zur Verarbeitung bestimmte Erzeugnisse handelt, anderen mit ihrer äußersten Randlage, insbesondere ihrer Insellage, ihrer geringen Fläche, ihrer schwierigen Topografie und ihren widrigen Witterungsverhältnissen sowie dem Umstand, dass die Inseln weit verstreut liegen, zusammenhängenden Mehrkosten Rechnung getragen werden.

(9) Die Förderung der traditionellen Sektoren ist vor allem von besonderer Bedeutung, weil dadurch die Wettbewerbsfähigkeit dieser Sektoren auf dem Unionsmarkt gegenüber den Mitbewerbern aus Drittländern gewährleistet werden kann. Dennoch sollten die Mitgliedstaaten bei der Konzipierung ihrer Programme möglichst auch dafür Sorge tragen, dass in der Landwirtschaft der Regionen in äußerster Randlage eine Diversifizierung stattfindet.

(10) Um Spekulationen zu vermeiden, die den Endverbrauchern in den Regionen in äußerster Randlage schaden würden, ist es wichtig, zu präzisieren, dass nur Erzeugnisse, die in einwandfreiem Zustand, unverfälscht und von vermarktbarer Qualität sind, für die besondere Versorgungsregelung in Frage kommen.

(11) Es sollten Verfahrensvorschriften für die Funktionsweise der Regelung festgelegt werden, insbesondere für die Einführung eines Marktteilnehmerregisters und eine Bescheinigungsregelung, die auf den Lizenzen gemäß den Artikeln 130 und 161 der Verordnung (EG) Nr. 1234/2007 des Rates vom 22. Oktober 2007 über eine gemeinsame Organisation der Agrarmärkte und mit Sondervorschriften für bestimmte landwirtschaftliche Erzeugnisse (Verordnung über die einheitliche GMO) [1] beruht.

(12) Zur Überwachung der Vorgänge, die unter die besondere Versorgungsregelung fallen, sollten die betreffenden Erzeugnisse bei ihrer Einfuhr oder ihrer Verbringung in die Regionen in äußerster Randlage sowie bei ihrer Ausfuhr oder ihrer Verbringung aus diesen Regionen Verwaltungskontrollen unterzogen werden. Damit die Ziele der Versorgungsregelung erreicht werden, sollten sich die wirtschaftlichen Vorteile der besonderen Versorgungsregelung darüber hinaus auf die Produktionskosten auswirken und zur Senkung der Preise bis auf die Ebene des Endverbrauchers führen. Daher sollte ihre Anwendung davon abhängig gemacht werden, dass die Vorteile tatsächlich weitergegeben werden; hierbei sind geeignete Kontrollen durchzuführen.

(13) Da die Mengen, die Gegenstand der besonderen Versorgungsregelung sind, auf den Versorgungsbedarf der Regionen in äußerster Randlage beschränkt sind, sollte diese Regelung das ordnungsgemäße Funktionieren des Binnenmarktes nicht beeinträchtigen. Die wirtschaftlichen Vorteile der besonderen Versorgungsregelung sollten im Übrigen nicht zu Verkehrsverlagerungen bei den betreffenden Erzeugnissen führen. Die Versendung oder die Ausfuhr dieser Erzeugnisse aus den Regionen in äußerster Randlage sollte daher untersagt werden. Die Versendung oder die Ausfuhr dieser Erzeugnisse sollte jedoch gestattet werden, wenn die aus der besonderen Versorgungsregelung resultierende Vergünstigung zurückerstattet wird.

(14) Im Falle von Verarbeitungserzeugnissen sollte im Interesse eines regionalen Handels der Handel zwischen den Regionen in äußerster Randlage genehmigt werden. Außerdem sollten die Handelsströme der Regionen in äußerster Randlage im Rahmen des regionalen Handels und die traditionellen Ausfuhren und Versendungen dieser Regionen in die restliche Union oder in Drittländer berücksichtigt und die den traditionellen Handelsströmen für alle diese Regionen entsprechende Ausfuhr von Verarbeitungserzeugnissen sollte genehmigt werden. Der Klarheit halber sollte der Bezugszeitraum für die Bestimmung dieser traditionell ausgeführten oder versandten Erzeugnismengen festgelegt werden.

(15) Es sollten geeignete Maßnahmen ergriffen werden, damit die erforderliche Umstrukturierung des Zuckersektors auf den Azoren vorgenommen werden kann. Dabei sollte berücksichtigt werden, dass ein bestimmter Produktions- und Verarbeitungsumfang gewährleistet sein muss, damit der Zuckersektor auf den Azoren lebensfähig ist. Vor diesem Hintergrund sollte es den Azoren ausnahmsweise gestattet werden, für einen befristeten Zeitraum von fünf Jahren Zuckermengen in die übrige Union zu versenden, die den Umfang der traditionellen Handelsströme übersteigen, wobei die jährlichen Höchstmengen schrittweise herabgesetzt werden. Da die Mengen, für die ein Weiterversand zulässig ist, proportional zu dem für die Lebensfähigkeit der örtlichen Zuckererzeugungs- und -verarbeitungsindustrie erforderlichen Minimum liegen und auf dieses beschränkt sind, wird sich der vorübergehend zugelassene Versand von Zucker von den Azoren nicht negativ auf den Binnenmarkt der Union auswirken.

(16) Was den quotenüberschreitenden Zucker für die Versorgung der Azoren, Madeiras und der Kanarischen Inseln anbelangt, sollte die Regelung für die Befreiung von Einfuhrzöllen weiterhin gelten. Insbesondere sollte für die Azoren im Rahmen ihrer Bedarfsvorausschätzung auch bei rohem Rohrzucker eine Befreiung von den Einfuhrzöllen gelten.

(17) Die Kanarischen Inseln sind bisher im Rahmen der besonderen Versorgungsregelung mit Magermilchpulver des KN-Codes 1901 90 99 (Magermilchpulver mit pflanzlichem Fett) versorgt worden, das für die industrielle Verarbeitung bestimmt ist. Es sollte diesen Inseln gestattet werden, sich weiterhin mit diesem Erzeugnis zu versorgen, das mittlerweile zu einem traditionellen Bestandteil der Ernährung auf den Inseln geworden ist.

[1] ABl. L 299 vom 16.11.2007, S. 1.

(18) Da Reis auf der Insel Réunion ein Grundnahrungsmittel ist, dort seit vielen Jahren Betriebe ansässig sind, in denen Reis verarbeitet und veredelt wird, und auf Réunion Reis nicht in ausreichender Menge angebaut wird, um den örtlichen Bedarf zu decken, sollten Einfuhren dieses Erzeugnisses nach Réunion weiterhin von jeglichen Einfuhrzöllen befreit werden.

(19) Die Politik der Union zugunsten der örtlichen Produktionen der Regionen in äußerster Randlage galt einer Vielzahl von Erzeugnissen und von Maßnahmen zur Förderung ihrer Produktion, Vermarktung oder Verarbeitung. Diese Maßnahmen haben sich als wirksam erwiesen und den Fortbestand der landwirtschaftlichen Tätigkeiten sowie deren Entwicklung gewährleistet. Die Union sollte diese Produktionen, die einen wesentlichen Faktor für das ökologische, soziale und wirtschaftliche Gleichgewicht in den Regionen in äußerster Randlage darstellen, auch weiterhin fördern. Die Erfahrung hat gezeigt, dass — wie bei der Politik zur Entwicklung des ländlichen Raums — eine verstärkte Partnerschaft mit den örtlichen Behörden die Möglichkeit bietet, die besonderen Probleme der betreffenden Regionen gezielter anzugehen. Die Fördermaßnahmen zugunsten der örtlichen Erzeugung sollten daher über die POSEI-Programme fortgesetzt werden.

(20) Um die Vermarktung der Erzeugnisse der Regionen in äußerster Randlage zu fördern, sollte eine Beihilfe zur Vermarktung dieser Erzeugnisse außerhalb der Erzeugungsregion eingeführt werden, wobei den hohen Mehrkosten, die aufgrund der großen Entfernung von den Verbrauchermärkten und der notwendigen doppelten Lagerhaltung entstehen, Rechnung getragen wird — Faktoren, die zu erheblichen Wettbewerbsnachteilen für die Regionen in äußerster Randlage führen und ihre Wettbewerbsfähigkeit auf dem Binnenmarkt beeinträchtigen. Diese Faktoren rechtfertigen die Notwendigkeit, die POSEI-Regelung in naher Zukunft einer Überprüfung zu unterziehen.

(21) Es empfiehlt sich, die Mindestkriterien festzulegen, die die POSEI-Programme für die Festlegung der Maßnahmen zugunsten der örtlichen landwirtschaftlichen Erzeugung erfüllen sollten; dies gilt insbesondere für die Beschreibung der Lage, der vorgeschlagenen Strategie, der Ziele und der Maßnahmen. Darüber hinaus sollten die Grundsätze der Kohärenz dieser Maßnahmen mit den anderen Politiken der Union festgelegt werden, um jegliche Unvereinbarkeit und Überschneidung von Beihilfen zu vermeiden.

(22) Für Zwecke der Anwendung dieser Verordnung sollten die POSEI-Programme auch Maßnahmen zur Finanzierung von Studien, Demonstrationsvorhaben, Ausbildungsmaßnahmen und technischer Hilfe vorsehen können.

(23) Die landwirtschaftlichen Erzeuger der Regionen in äußerster Randlage sollten ermutigt werden, weiterhin Qualitätserzeugnisse zu liefern und deren Vermarktung hohen Stellenwert beizumessen. In diesem Zusammenhang könnten das mit dieser Verordnung geschaffene Logo sowie andere durch die Union geschaffene Qualitätsbescheinigungen zweckdienlich sein.

(24) Einige landwirtschaftliche Betriebe oder Verarbeitungs- und Vermarktungsunternehmen in den Regionen in äußerster Randlage weisen gravierende strukturelle Mängel auf und haben mit spezifischen Schwierigkeiten zu kämpfen. Artikel 26 Absatz 2 und Artikel 28 Absatz 2 der Verordnung (EG) Nr. 1698/2005 des Rates vom 20. September 2005 über die Förderung der Entwicklung des ländlichen Raums durch den Europäischen Landwirtschaftsfonds für die Entwicklung des ländlichen Raums (ELER) ([1]) sehen daher für bestimmte Arten von Investitionen in den Regionen in äußerster Randlage günstigere Fördersätze vor.

(25) Gemäß Artikel 27 Absatz 1 der Verordnung (EG) Nr. 1698/2005 sind die Regionen in äußerster Randlage von der Einschränkung der Beihilferegelung für Wälder gemäß dieser Verordnung ausgenommen.

(26) In der Verordnung (EG) Nr. 1698/2005 sind die jährlichen Höchstbeträge für die Zahlungen für Agrarumweltmaßnahmen festgelegt. Um der besonderen Umweltsituation bestimmter sehr empfindlicher Weidegebiete auf den Azoren und der Erhaltung des Landschaftsbildes, der biologischen Vielfalt und der traditionellen Merkmale der Landbaugebiete, vor allem der Terrassenkulturen auf Madeira und den Kanarischen Inseln, sowie der Erhaltung der Trockenmauern in den Regionen in äußerster Randlage Rechnung zu tragen, sollte für bestimmte Maßnahmen die Möglichkeit vorgesehen werden, diese Beträge bis auf das Doppelte anzuheben.

(27) Von der ständigen Politik der Kommission, keine staatlichen Betriebsbeihilfen für die Erzeugung, Verarbeitung und Vermarktung von unter Anhang I des Vertrags fallenden landwirtschaftlichen Erzeugnissen zu genehmigen, kann abgewichen werden, um die spezifischen Sachzwänge der landwirtschaftlichen Erzeugung in den Regionen in äußerster Randlage auszugleichen, die sich aus deren extremer Abgelegenheit, insbesondere ihrer äußersten Randlage, Insellage, geringen Fläche, schwierigen Relief- und Klimabedingungen sowie deren wirtschaftlichen Abhängigkeit von einigen wenigen Erzeugnissen ergeben. Die landwirtschaftliche Erzeugung ist von entscheidender Bedeutung für den wirtschaftlichen Aufschwung und den Verbleib der Bevölkerung in den ländlichen Gebieten, und die ländlichen Gebiete in äußerster Randlage sind von der Alterung der Bevölkerung, der geringen Bevölkerungsdichte und — in einigen Gebieten — von Entvölkerung besonders stark betroffen.

(28) Die Pflanzengesundheit der landwirtschaftlichen Feldfrüchte in den Regionen in äußerster Randlage ist von besonderen Problemen wie beispielsweise der Einschleppung von Parasiten aufgrund des Anstiegs der Einfuhren, der besonderen Klimaverhältnisse und der Unzulänglichkeit der zuvor dort angewandten Kontrollmaßnahmen betroffen. Es sollten daher Programme zur Bekämpfung der Schadorganismen, unter anderem mit nachhaltigen und umweltverträglichen biologischen Methoden, durchgeführt werden. Die finanzielle Beteiligung der Union an der Durchführung dieser Programme sollte festgelegt werden, wobei berücksichtigt werden sollte, dass gemäß dem mehrjährigen Finanzrahmen vorgesehen ist, die Finanzierung dieser Programme mit Wirkung von 2014 an aus einer anderen Haushaltslinie vorzunehmen.

([1]) ABl. L 277 vom 21.10.2005, S. 1.

(29) Die Erhaltung der Rebflächen, die auf Madeira und den Kanarischen Inseln die am weitesten verbreitete Kultur darstellen und für die Azoren von sehr großer Bedeutung sind, ist aus wirtschaftlichen, gesellschaftlichen und ökologischen Gründen unerlässlich. Zur Stützung der Erzeugung sollten in diesen Regionen die Stilllegungsprämien, die Marktmechanismen und, im Fall der Kanarischen Inseln, das Pflanzrechtesystem gemäß der Verordnung (EG) Nr. 1234/2007 nicht zur Anwendung kommen. Gleichwohl sollte auf den Kanarischen Inseln die Dringlichkeitsdestillation im Falle einer außergewöhnlichen Marktstörung aufgrund von Qualitätsproblemen möglich sein. Aufgrund von technischen und sozioökonomischen Problemen wurden auch noch nicht alle Rebflächen, die auf Madeira und den Azoren mit den durch die Verordnung (EG) Nr. 1234/2007 verbotenen Hybrid-Rebsorten bepflanzt sind, innerhalb der vorgesehenen Fristen umgestellt. Der auf diesen Rebflächen erzeugte Wein ist allein für den traditionellen örtlichen Verbrauch bestimmt.

(30) Die Umstrukturierung des Milchsektors auf den Azoren ist noch nicht abgeschlossen. Um der großen Abhängigkeit der Azoren von der Milcherzeugung zusammen mit anderen Nachteilen aufgrund ihrer äußersten Randlage und dem Fehlen einträglicher Alternativerzeugungen Rechnung zu tragen, sollten die Ausnahmen von bestimmten Vorschriften der Verordnung (EG) Nr. 1234/2007 in Bezug auf die Abgaben auf Milch- und Milcherzeugnisüberschüsse aufrechterhalten werden.

(31) Da die Milcherzeugung auf den Azoren als einer der wichtigsten Motoren der Wirtschaft, der sozialen Stabilität, der Umweltqualität und der Flächennutzung unersetzlich ist, sind die POSEI-Programme bestens geeignet, um die Maßnahmen festzulegen, die notwendig sind, um diese Produktion beizubehalten.

(32) Die Förderung der Kuhmilcherzeugung auf Madeira und Réunion hat insbesondere aufgrund der großen strukturellen Schwierigkeiten in diesem Sektor und seiner Schwierigkeiten, sich an neue Wirtschaftsgegebenheiten anzupassen, nicht ausgereicht, um das Gleichgewicht zwischen einheimischer und externer Versorgung aufrechtzuerhalten. Infolgedessen sollte die Herstellung von rekonstituierter UHT-Milch aus Milchpulver mit Ursprung in der Union auch weiterhin genehmigt werden, um den örtlichen Verbrauch besser decken zu können, soweit mit dieser Maßnahme die Sammlung und der Absatz der gesamten vor Ort erzeugten Milch und die Anstrengungen zum Ausbau der örtlichen Erzeugung nicht behindert werden. Im Interesse der korrekten Verbraucherinformation sollte die Angabe der Herstellungsart im Falle rekonstituierter UHT-Milch aus Milchpulver auf dem Verkaufsetikett verbindlich angegeben werden. Diese Bestimmung sollte auch auf Martinique, in Französisch-Guayana und auf Guadeloupe gelten, sofern Frankreich dies beantragt und diesen Antrag darauf stützt, dass die örtlichen Akteure von ihr Gebrauch machen wollen und in der Lage sind, die Entwicklung des Milchsektors zu gewährleisten.

(33) Die Notwendigkeit, weiterhin einen Anreiz für die örtliche Milcherzeugung zu bieten, rechtfertigt die Nichtanwendung der Verordnung (EG) Nr. 1234/2007 in den französischen überseeischen Departements und auf Madeira. Diese Ausnahme sollte im Falle Madeiras auf 4 000 Tonnen begrenzt werden.

(34) Der Handel zwischen den Regionen in äußerster Randlage sollte gefördert werden, um den örtlichen Bedarf zu decken. Die Ausfuhr der Überschusserzeugung aus den einzelnen Regionen in äußerster Randlage, beispielsweise von Milch, Rindfleisch und männlichen Jungrindern der Azoren, in andere Regionen in äußerster Randlage mit entsprechender Unterversorgung sollte mit dem Ziel gefördert werden, den Handel anzukurbeln, ohne jedoch den Ausbau der örtlichen Erzeugung zu behindern. Außerdem sollten die notwendigen Bedingungen für einen fairen und gerechten Handel gewährleistet werden.

(35) Die traditionelle Viehhaltung sollte gefördert werden. Um den örtlichen Verbraucherbedarf der französischen überseeischen Departements und Madeiras zu decken, sollte die zollfreie Einfuhr männlicher Mastrinder aus Drittländern unter bestimmten Bedingungen und im Rahmen einer jährlichen Höchstmenge genehmigt werden.

(36) Die im Rahmen der Verordnung (EG) Nr. 73/2009 des Rates vom 19. Januar 2009 mit gemeinsamen Regeln für Direktzahlungen im Rahmen der gemeinsamen Agrarpolitik und mit bestimmten Stützungsregelungen für Inhaber landwirtschaftlicher Betriebe ([1]) für Portugal eingeführte Möglichkeit, Ansprüche auf die Mutterkuhprämie vom Festland auf die Azoren zu übertragen, sollte fortgeschrieben werden, wobei dieses Instrument an die Stützungsregelung für die Regionen in äußerster Randlage anzupassen ist.

(37) Der Tabakanbau ist für die Kanarischen Inseln traditionell von großer Bedeutung. Aus wirtschaftlicher Sicht stellt die Tabakzubereitung weiterhin einen Großteil der industriellen Tätigkeit in dieser Region dar. Sozial gesehen ist der Tabakanbau sehr arbeitsintensiv und wird in kleinen landwirtschaftlichen Betrieben vorgenommen. Da diese Feldfrucht jedoch nicht ausreichend rentabel ist, besteht die Gefahr, dass er eingestellt wird. Zurzeit ist der Tabakanbau auf eine kleine Fläche auf der Insel La Palma für die handwerkliche Zigarrenherstellung begrenzt. Deshalb sollte Spanien ermächtigt werden, zusätzlich zur Beihilfe der Union weiterhin auch eine ergänzende Beihilfe zu gewähren, um die Aufrechterhaltung dieser traditionellen Feldfrucht im Hinblick auf die Unterstützung der damit zusammenhängenden handwerklichen Tätigkeit zu ermöglichen. Zudem sollten zur Erhaltung der Herstellung von Tabakwaren jährlich weiterhin Einfuhren nach den Kanarischen Inseln von bis zu 20 000 Tonnen roher und halbverarbeiteter Tabak (in Äquivalent entrippter Rohtabak) von den Zöllen befreit werden.

([1]) ABl. L 30 vom 31.1.2009, S. 16.

(38) Die Umsetzung dieser Verordnung sollte das Niveau der besonderen Stützung, die den Regionen in äußerster Randlage bisher gewährt wurde, nicht beeinträchtigen. Die Mitgliedstaaten sollten zur Durchführung der geeigneten Maßnahmen über Beträge in Höhe der Fördermittel verfügen, die die Union im Rahmen der Verordnung (EG) Nr. 247/2006 bereits gewährt.

(39) In Anbetracht der potentiellen Auswirkungen, die Verhandlungen über künftige Handelsabkommen und Änderungen der Gemeinsamen Agrarpolitik auf die Regionen in äußerster Randlage haben könnten, sollte im Rahmen der Analysen, Studien und Bewertungen, die im Zusammenhang mit diesen Verhandlungen und Änderungen durchgeführt werden, den besonderen Merkmalen dieser Regionen besonderes Augenmerk gewidmet werden.

(40) Seit 2006 steigt der Bedarf einiger Regionen in äußerster Randlage, insbesondere der Azoren und der französischen überseeischen Departements, an wesentlichen Erzeugnissen aufgrund der Zunahme des Viehbestands und der Bevölkerungszunahme. Daher sollte der Teil der Haushaltsmittel, auf den die Mitgliedstaaten für die besondere Versorgungsregelung zugunsten der betreffenden Regionen zurückgreifen können, aufgestockt werden.

(41) Das sozioökonomische Gewebe der Regionen in äußerster Randlage ist nach wie vor sehr brüchig und in einigen dieser Regionen stark vom Bananensektor abhängig, der seinerseits klar unter mangelnder Wettbewerbsfähigkeit und Schwierigkeiten, auf sich ändernde Marktbedingungen zu reagieren, leidet. Daher sollten die im Rahmen der POSEI-Programme für den Bananensektor vorgesehenen Haushaltsmittel um einen einmaligen, begrenzten Betrag aufgestockt werden, der den Bananenerzeugern im Laufe des Haushaltsjahres 2013 ausbezahlt wird.

(42) Im Interesse des ordnungsgemäßen Funktionierens der durch diese Verordnung geschaffenen Regelung sollte der Kommission die Befugnis übertragen werden, gemäß Artikel 290 des Vertrags Rechtsakte zu erlassen, um bestimmte nicht wesentliche Vorschriften dieser Verordnung zu ergänzen oder zu ändern. Es ist von besonderer Bedeutung, dass die Kommission im Zuge ihrer Vorbereitungsarbeit angemessene Konsultationen, auch auf der Ebene von Sachverständigen, durchführt. Bei der Vorbereitung und Ausarbeitung delegierter Rechtsakte sollte die Kommission gewährleisten, dass die einschlägigen Dokumente dem Europäischen Parlament und dem Rat gleichzeitig, rechtzeitig und auf angemessene Weise übermittelt werden.

(43) Zur Gewährleistung einheitlicher Bedingungen für die Durchführung des POSEI-Programms in den Mitgliedstaaten und zur Vermeidung von Wettbewerbsverzerrungen und Diskriminierungen zwischen den Marktteilnehmern sollten der Kommission Durchführungsbefugnisse übertragen werden. Diese Befugnisse sollten im Einklang mit der Verordnung (EU) Nr. 182/2011 des Europäischen Parlaments und des Rates vom 16. Februar 2011 zur Festlegung der allgemeinen Regeln und Grundsätze, nach denen die Mitgliedstaaten die Wahrnehmung der Durchführungsbefugnisse durch die Kommission kontrollieren ([1]), ausgeübt werden.

(44) Um eine möglichst rasche Anwendung der vorgesehenen Maßnahmen zu ermöglichen, sollte diese Verordnung am Tag nach ihrer Veröffentlichung im *Amtsblatt der Europäischen Union* in Kraft treten —

HABEN FOLGENDE VERORDNUNG ERLASSEN:

KAPITEL I

GEGENSTAND UND ZIELE

Artikel 1

Gegenstand

Mit dieser Verordnung werden Sondermaßnahmen für den Bereich Landwirtschaft erlassen, um den Problemen abzuhelfen, die in den in Artikel 349 des Vertrags genannten Gebieten der Union (im Folgenden „Regionen in äußerster Randlage") aufgrund ihrer äußersten Randlage, namentlich ihrer Abgelegenheit, ihrer Isolation, ihrer geringen Fläche, ihrer schwierigen Gelände- und klimatischen Bedingungen und ihrer wirtschaftlichen Abhängigkeit von einer geringen Anzahl Erzeugnisse entstehen.

Artikel 2

Ziele

(1) Die Sondermaßnahmen gemäß Artikel 1 tragen zur Verwirklichung der folgenden Ziele bei:

a) Sicherung der Versorgung der Regionen in äußerster Randlage mit Erzeugnissen, die für den menschlichen Verzehr oder zur Verarbeitung oder zum Einsatz als landwirtschaftliche Produktionsmittel benötigt werden, durch Ausgleichen der durch ihre extreme Randlage bedingten Mehrkosten, ohne der örtlichen Erzeugung und ihrer Entwicklung zu schaden;

b) Sicherstellung der langfristigen Zukunft und Entwicklung der Sektoren, in denen eine „Viehbestands-" und „Feldfruchtdiversifizierung" in den Regionen in äußerster Randlage erfolgt, einschließlich der Produktion, der Verarbeitung und der Vermarktung der örtlichen Erzeugnisse;

c) Weiterführung der Entwicklung und Stärkung der Wettbewerbsfähigkeit der traditionellen Landwirtschaft in den Regionen in äußerster Randlage, einschließlich der Produktion, der Verarbeitung und der Vermarktung der örtlichen Feldfrüchte und Erzeugnisse.

(2) Die Ziele gemäß Absatz 1 werden über die in den Kapiteln III, IV und V vorgesehenen Maßnahmen verwirklicht.

([1]) ABl. L 55 vom 28.2.2011, S. 13.

KAPITEL II

POSEI-PROGRAMME

Artikel 3

Erstellung der POSEI-Programme

(1) Die Maßnahmen gemäß Artikel 1 sind für jede Region in äußerster Randlage in einem Programm zur Lösung der spezifisch auf die Abgelegenheit und die Insellage zurückzuführenden Probleme (POSEI) (im Folgenden „POSEI-Programm"), festgelegt, das Folgendes vorsieht:

a) eine besondere Versorgungsregelung im Sinne von Kapitel III und

b) spezifische Maßnahmen zugunsten der örtlichen landwirtschaftlichen Erzeugung im Sinne von Kapitel IV.

(2) Das POSEI-Programm wird auf der geografischen Ebene erstellt, die der betreffende Mitgliedstaat für die geeignetste hält. Es wird von den von diesem Mitgliedstaat als zuständig bezeichneten Behörden ausgearbeitet und nach Anhörung der auf der jeweiligen Gebietsebene zuständigen Behörden und Organisationen der Kommission vom Mitgliedstaat gemäß Artikel 6 zur Genehmigung vorgelegt.

(3) Die Mitgliedstaaten können für ihre jeweiligen Regionen in äußerster Randlage nur ein einziges POSEI-Programm vorlegen.

Artikel 4

Vereinbarkeit und Kohärenz

(1) Die im Rahmen der POSEI-Programme getroffenen Maßnahmen stehen mit dem Unionsrecht in Einklang. Diese Maßnahmen sind mit den anderen Politiken der Union und den auf deren Grundlage erlassenen Maßnahmen kohärent.

(2) Die Kohärenz zwischen den im Rahmen der POSEI-Programme getroffenen Maßnahmen und den Maßnahmen, die aufgrund anderer Instrumente der Gemeinsamen Agrarpolitik, insbesondere der gemeinsamen Marktorganisationen, der Entwicklung des ländlichen Raums, der Qualität der Erzeugnisse, des Tierschutzes und des Umweltschutzes, durchgeführt werden, wird gewährleistet.

Insbesondere darf keine Maßnahme im Rahmen dieser Verordnung zu folgenden Zwecken finanziert werden:

a) als zusätzliche Unterstützung für die im Rahmen einer gemeinsamen Marktorganisation eingeführten Prämien- oder Beihilferegelungen, es sei denn, es liegt eine außergewöhnliche, durch objektive Kriterien gerechtfertigte Notwendigkeit vor;

b) als Unterstützung für Forschungsprojekte, als Maßnahmen zur Förderung von Forschungsprojekten oder Maßnahmen, die im Rahmen der Entscheidung 2009/470/EG des Rates vom 25. Mai 2009 über bestimmte Ausgaben im Veterinärbereich ([1]) für eine Unionsfinanzierung in Frage kommen;

c) als Unterstützung für Maßnahmen, die in den Geltungsbereich der Verordnung (EG) Nr. 1698/2005 fallen.

Artikel 5

Inhalt der POSEI-Programme

Ein POSEI-Programm umfasst

a) einen Zeitplan für die Durchführung der Maßnahmen und einen indikativen Jahresplan für die Gesamtfinanzierung mit einer Zusammenfassung der zu mobilisierenden Mittel;

b) den Nachweis der Vereinbarkeit und der Kohärenz der verschiedenen Programmmaßnahmen untereinander sowie mit den Kriterien und quantitativen Indikatoren für die Begleitung und Bewertung;

c) die Schritte, die eine wirksame und angemessene Durchführung der Programme gewährleisten sollen, auch in Bezug auf Publizität, Begleitung und Bewertung, sowie die Festlegung quantifizierter Indikatoren zur Programmbewertung;

d) die Bezeichnung der zuständigen Behörden und der für die Durchführung des Programms verantwortlichen Einrichtungen sowie die Bezeichnung — auf den geeigneten Ebenen — der mitbeteiligten Behörden und Einrichtungen und der sozioökonomischen Partner sowie die Ergebnisse der durchgeführten Konsultationen.

Artikel 6

Genehmigung und Änderung der POSEI-Programme

(1) Die POSEI-Programme werden durch die Verordnung (EG) Nr. 247/2006 eingerichtet und im Rahmen der Mittelausstattung gemäß Artikel 30 Absätze 2 und 3 finanziert.

Jedes Programm enthält eine Bedarfsvorausschätzung mit Angabe der Erzeugnisse, ihrer Mengen und der Beihilfebeträge zur Versorgung aus der Union, sowie den Entwurf eines Förderprogramms zugunsten der örtlichen Erzeugung.

(2) Im Zuge der jährlichen Bewertung der Durchführung der in den POSEI-Programmen vorgesehenen Maßnahmen können die Mitgliedstaaten nach Konsultation der betroffenen sozioökonomischen Partner der Kommission im Rahmen der Mittelausstattung gemäß Artikel 30 Absätze 2 und 3 ordnungsgemäß begründete Vorschläge zur Änderung dieser Maßnahmen unterbreiten, um sie besser an die Erfordernisse der Regionen in äußerster Randlage und an die vorgeschlagene Strategie anpassen zu können. Die Kommission erlässt Durchführungsrechtsakte, mit denen die Verfahren zur Prüfung, ob die vorgeschlagenen Änderungen mit dem Unionsrecht in Einklang stehen, und zur Entscheidung über deren Billigung festgelegt werden. Diese Durchführungsrechtsakte werden gemäß dem in Artikel 34 Absatz 2 genannten Prüfverfahren erlassen.

([1]) ABl. L 155 vom 18.6.2009, S. 30.

(3) Die mittels Durchführungsrechtsakten gemäß Absatz 2 festgelegten Verfahren können die folgenden Elemente berücksichtigen: die Bedeutung der von den Mitgliedstaaten vorgeschlagenen Änderungen im Hinblick auf die Einführung neuer Maßnahmen, ob die Änderungen der für die Maßnahmen vorgesehenen Haushaltsmittel wesentlich sind, Änderungen in Bezug auf Menge und Umfang der Beihilfen für Erzeugnisse in der Bedarfsvorausschätzung und Änderungen der in der Verordnung (EWG) Nr. 2658/87 des Rates vom 23. Juli 1987 über die zolltarifliche und statistische Nomenklatur sowie den Gemeinsamen Zolltarif ([1]) festgelegten Codes und Beschreibungen.

(4) Die Durchführungsrechtsakte gemäß Absatz 2 legen ferner für jedes Verfahren die Häufigkeit von Anträgen auf Änderungen sowie die jeweiligen Zeitrahmen fest, innerhalb derer die gebilligten Änderungen umgesetzt werden müssen.

Artikel 7

Änderungen der Finanzzuweisungen

Bis zum 22. April 2013 legen die Mitgliedstaaten der Kommission die Entwürfe der Änderungen vor, mit denen ihre POSEI-Programme an die durch Artikel 30 Absatz 5 eingeführten Abänderungen angepasst werden sollen.

Diese Änderungen werden einen Monat nach ihrer Vorlage anwendbar, sofern die Kommission während dieses Zeitraums keine Einwände erhebt.

Die zuständigen Behörden zahlen die Beihilfe gemäß Artikel 30 Absatz 5 spätestens am 30. Juni 2013 aus.

Artikel 8

Kontrollen und Überwachung

Die Mitgliedstaaten führen Kontrollen im Rahmen von Verwaltungskontrollen und Kontrollen vor Ort durch. Die Kommission erlässt Durchführungsrechtsakte zu den Mindestkriterien für die von den Mitgliedstaaten durchzuführenden Kontrollen.

Die Kommission erlässt auch Durchführungsrechtsakte betreffend die Verfahren sowie die materiellen und finanziellen Indikatoren für eine wirksame Überwachung der Durchführung der Programme.

Diese Durchführungsrechtsakte werden gemäß dem in Artikel 34 Absatz 2 genannten Prüfverfahren erlassen.

KAPITEL III

BESONDERE VERSORGUNGSREGELUNG

Artikel 9

Bedarfsvorausschätzung

(1) Es wird eine besondere Versorgungsregelung für die landwirtschaftlichen Erzeugnisse gemäß Anhang I des Vertrags festgelegt, die in den Regionen in äußerster Randlage für den menschlichen Verzehr oder für die Herstellung anderer Erzeugnisse oder zum Einsatz als landwirtschaftliche Produktionsmittel unabdingbar sind.

(2) Der betreffende Mitgliedstaat erstellt auf der geografischen Ebene, die er für die geeignetste hält, eine Bedarfsvorausschätzung, um den jährlichen Bedarf jeder Region in äußerster Randlage an Erzeugnissen gemäß Anhang I des Vertrags zu beziffern.

Der Bedarf von Unternehmen, die Erzeugnisse verpacken und verarbeiten, die für den örtlichen Markt bestimmt sind, traditionell in die übrige Union versandt werden oder im Rahmen eines regionalen Handels im Sinne von Artikel 14 Absatz 3 oder im Rahmen eines traditionellen Handels in Drittländer ausgeführt werden, kann in einer separaten Bedarfsvorausschätzung ermittelt werden.

Artikel 10

Funktionsweise der besonderen Versorgungsregelung

(1) Im Rahmen der in der Bedarfsvorausschätzung ermittelten Mengen wird bei Direkteinfuhr von unter die besondere Versorgungsregelung fallenden Erzeugnissen aus Drittländern in die Regionen in äußerster Randlage kein Zoll erhoben.

Für die Zwecke dieses Kapitels gelten Erzeugnisse, die Gegenstand eines aktiven Veredelungsverkehrs oder eines Zolllagerverfahrens im Zollgebiet der Union waren, als Direkteinfuhren aus Drittländern.

(2) Um den gemäß Artikel 9 Absatz 2 ermittelten Bedarf unter Berücksichtigung von Preis und Qualität zu decken und sicherzustellen, dass der Anteil der Union an der Versorgung gewahrt bleibt, wird für die Versorgung der Regionen in äußerster Randlage mit Erzeugnissen, die sich aufgrund von Interventionsmaßnahmen der Union in öffentlichen Lagerbeständen befinden oder die auf dem Markt der Union verfügbar sind, eine Beihilfe gewährt.

Der Betrag dieser Beihilfe wird für jede Erzeugnisart unter Berücksichtigung der Mehrkosten infolge der Verbringung in die Regionen in äußerster Randlage und der Preise bei der Ausfuhr nach Drittländern sowie, wenn es sich um zur Verarbeitung bestimmte Erzeugnisse oder um landwirtschaftliche Produktionsmittel handelt, sonstiger durch die extreme Randlage, insbesondere ihre Insellage und die geringe Fläche, bedingter Mehrkosten festgesetzt.

(3) Für die Versorgung mit Erzeugnissen, die bereits in einer anderen Region in äußerster Randlage unter die besondere Versorgungsregelung fallen, wird keine Beihilfe gewährt.

([1]) ABl. L 256 vom 7.9.1987, S. 1.

(4) Nur Erzeugnisse, die in einwandfreiem Zustand, unverfälscht und von vermarktbarer Qualität sind, kommen für die besondere Versorgungsregelung in Frage. Für Erzeugnisse aus Drittländern gelten Gewährleistungen, deren Umfang den anhand der Normen der Union im Bereich der Tier- und Pflanzengesundheit festgelegten Gewährleistungen entspricht.

Artikel 11

Durchführung

Bei der Anwendung der besonderen Versorgungsregelung wird insbesondere Folgendem Rechnung getragen:

a) den besonderen Bedürfnissen der Regionen in äußerster Randlage und, soweit es sich um Verarbeitungserzeugnisse oder um landwirtschaftliche Produktionsmittel handelt, den Qualitätsanforderungen;

b) den Handelsströmen mit der übrigen Union;

c) dem wirtschaftlichen Aspekt der vorgesehenen Beihilfen;

d) der Notwendigkeit, die bestehende örtlichen Erzeugung weder zu destabilisieren noch in ihrer Entwicklung zu behindern.

Artikel 12

Bescheinigungen

(1) Die Freistellung vom Einfuhrzoll oder die Gewährung der Beihilfe im Rahmen der besonderen Versorgungsregelung ist an die Vorlage einer Bescheinigung gebunden.

Die Bescheinigungen werden nur Marktteilnehmern erteilt, die in einem von den zuständigen Behörden geführten Register eingetragen sind.

Lizenzen und Bescheinigungen sind nicht übertragbar.

(2) Bei Beantragung der Einfuhrlizenzen sowie der Freistellungs- bzw. Beihilfebescheinigungen muss keine Sicherheit geleistet werden. Soweit dies für die ordnungsgemäße Anwendung dieser Verordnung erforderlich ist, kann die zuständige Behörde jedoch die Leistung einer Sicherheit in Höhe der Vergünstigung gemäß Artikel 13 vorsehen. In solchen Fällen gilt Artikel 34 Absätze 1, 4, 5, 6, 7 und 8 der Verordnung (EG) Nr. 376/2008 der Kommission vom 23. April 2008 mit gemeinsamen Durchführungsvorschriften für Einfuhr- und Ausfuhrlizenzen sowie Vorausfestsetzungsbescheinigungen für landwirtschaftliche Erzeugnisse (1).

Der Kommission wird die Befugnis übertragen, gemäß Artikel 33 delegierte Rechtsakte zu erlassen, in denen die Bedingungen für die Aufnahme von Marktteilnehmern in das Register festgelegt werden, und bestimmt wird, dass die Marktteilnehmer ihre Rechte auf Teilnahme an der besonderen Versorgungsregelung vollumfänglich ausüben.

(3) Die Kommission erlässt Durchführungsrechtsakte hinsichtlich der Maßnahmen, die für die einheitliche Anwendung dieses Artikels durch die Mitgliedstaaten, insbesondere in Bezug auf die Einführung der Bescheinigungsregelung und die Verpflichtungen, die die Marktteilnehmer mit der Aufnahme ins Register eingehen, erforderlich sind. Diese Durchführungsrechtsakte werden gemäß dem in Artikel 34 Absatz 2 genannten Prüfverfahren erlassen.

Artikel 13

Auswirkung der Vergünstigung

(1) Die Zollbefreiung oder Beihilfegewährung im Rahmen der besonderen Versorgungsregelung wird von der Bedingung abhängig gemacht, dass die Auswirkung der wirtschaftlichen Vergünstigung an den Endnutzer weitergegeben wird, der, je nach Fall, bei für den unmittelbaren Verzehr bestimmten Erzeugnissen der Verbraucher, bei Erzeugnissen für die Verarbeitungs- oder Verpackungsindustrie der Endverarbeiter oder Endverpacker oder bei Erzeugnissen, die zur Verfütterung oder zur Verwendung als landwirtschaftliche Produktionsmittel bestimmt sind, der Landwirt sein kann.

Die in Unterabsatz 1 genannte Vergünstigung entspricht dem von der Freistellung von den Einfuhrzöllen betroffenen Betrag bzw. dem Beihilfebetrag.

(2) Um die einheitliche Anwendung von Absatz 1 zu gewährleisten, erlässt die Kommission Durchführungsrechtsakte hinsichtlich der Anwendung der in Absatz 1 festgesetzten Vorschriften und insbesondere der Bedingungen für die Kontrolle der effektiven Weitergabe der Vergünstigung an den Endnutzer durch die Mitgliedstaaten. Diese Durchführungsrechtsakte werden gemäß dem in Artikel 34 Absatz 2 genannten Prüfverfahren erlassen.

Artikel 14

Ausfuhr in Drittländer und Versendung in die übrige Union

(1) Die Kommission erlässt Durchführungsrechtsakte, um die Anforderungen festzulegen, nach denen Erzeugnisse, die unter die besondere Versorgungsregelung fallen, in Drittländer ausgeführt oder in die übrige Union versandt werden dürfen; diese Anforderungen umfassen auch die Entrichtung von Einfuhrzöllen oder die Rückzahlung der gemäß Artikel 10 erhaltenen Beihilfe. Diese Durchführungsrechtsakte werden gemäß dem in Artikel 34 Absatz 2 genannten Prüfverfahren erlassen.

Die Ausfuhr von Erzeugnissen, die unter die besondere Versorgungsregelung fallen, in Drittländer ist nicht an die Vorlage einer Bescheinigung gebunden.

(1) ABl. L 114 vom 26.4.2008, S. 3.

Unterabsatz 1 gilt nicht für die Handelsströme zwischen den französischen überseeischen Departements.

(2) Absatz 1 Unterabsatz 1 gilt nicht für Verarbeitungserzeugnisse, die in den Regionen in äußerster Randlage unter Verwendung von unter die besondere Versorgungsregelung fallenden Erzeugnissen hergestellt wurden und

a) die im Rahmen der den traditionellen Versendungen und den traditionellen Ausfuhren entsprechenden Mengen in Drittländer ausgeführt oder in die übrige Union versandt werden. Die Kommission erlässt Durchführungsrechtsakte, mit denen diese Mengen auf Basis des Durchschnittswertes der Versendungen oder der Ausfuhren festgesetzt werden, wobei als Bezugsgröße der überprüfte Durchschnittswert in den drei besten Jahren zwischen 2005 und 2012 zugrunde gelegt wird. Diese Durchführungsrechtsakte werden gemäß dem in Artikel 34 Absatz 2 genannten Prüfverfahren erlassen;

b) die im Rahmen eines regionalen Handels in Drittländer ausgeführt werden;

c) die zwischen den Azoren, Madeira und den Kanarischen Inseln versandt werden;

d) die zwischen den französischen überseeischen Departements versandt werden.

Für die Ausfuhr der Erzeugnisse gemäß Unterabsatz 1 Buchstaben a und b wird keine Erstattung gewährt.

Die Ausfuhr der Erzeugnisse gemäß Unterabsatz 1 Buchstaben a und b nach Drittländern ist nicht an die Vorlage einer Bescheinigung gebunden.

(3) Zum Zwecke dieses Kapitels wird der Begriff „regionaler Handel" definiert als der Handel einer Region in äußerster Randlage mit Drittländern des geografischen Raumes, zu dem die betreffenden Regionen in äußerster Randlage gehören, sowie mit den Ländern, zu denen historische Handelsbeziehungen bestehen. Die Kommission erlässt Durchführungsrechtsakte, mit denen eine Liste dieser Länder festgelegt wird, wobei sie den objektiv gerechtfertigten Anträgen der Mitgliedstaaten nach Konsultation der betreffenden Sektoren Rechnung trägt. Diese Durchführungsrechtsakte werden gemäß dem in Artikel 34 Absatz 2 genannten Prüfverfahren erlassen.

(4) Erzeugnisse, die an die französischen überseeischen Departements, die Azoren, Madeira oder die Kanarischen Inseln geliefert werden, unter eine besondere Versorgungsregelung fielen und der Versorgung von Schiffen und Flugzeugen dienen, gelten als vor Ort verbraucht.

(5) Abweichend von Absatz 2 Unterabsatz 1 Buchstabe a dürfen folgende Höchstmengen Zucker (des KN-Codes 1701) pro Jahr in den folgenden fünf Jahren von den Azoren in die übrige Union versandt werden:

— 2011: 3 000 Tonnen,

— 2012: 2 500 Tonnen,

— 2013: 2 000 Tonnen,

— 2014: 1 500 Tonnen,

— 2015: 1 000 Tonnen.

(6) Verarbeitungsvorgänge, die eine traditionelle Ausfuhr oder eine Ausfuhr im Rahmen des regionalen Handels bzw. eine traditionelle Versendung nach sich ziehen können, erfüllen — mit Ausnahme der üblichen Behandlungen — sinngemäß die Verarbeitungsbedingungen, die für die aktive Veredelung gelten, sowie die Verfahren der Umwandlung unter zollamtlicher Überwachung, gemäß einschlägigem Unionsrecht.

Artikel 15

Zucker

(1) Während des Zeitraums gemäß Artikel 204 Absätze 2 und 3 der Verordnung (EG) Nr. 1234/2007 ist die Erzeugung außerhalb der Quote gemäß Artikel 61 der genannten Verordnung im Rahmen der Bedarfsvorausschätzung gemäß Artikel 9 der vorliegenden Verordnung von den Einfuhrzöllen befreit im Falle von

a) Zucker, der zum Verbrauch als Weißzucker des KN-Codes 1701 nach Madeira oder auf die Kanarischen Inseln versandt wird;

b) Zucker, der auf den Azoren in Form von Rohzucker des KN-Codes 1701 12 10 (Rübenrohzucker) raffiniert und verbraucht wird.

(2) Zum Zwecke der Raffinierung können im Falle der Azoren die Mengen gemäß Absatz 1 im Rahmen der Bedarfsvorausschätzung durch Rohzucker des KN-Codes 1701 11 10 (Rohrrohzucker) ergänzt werden.

Der Rohzuckerbedarf der Azoren wird unter Berücksichtigung der Entwicklung der örtlichen Zuckerrübenerzeugung geschätzt. Die unter die besondere Versorgungsregelung fallenden Mengen sind so festzusetzen, dass die jährlich erzeugte Gesamtmenge an raffiniertem Zucker auf den Azoren 10 000 Tonnen nicht überschreitet.

Artikel 16

Magermilchpulver

Abweichend von Artikel 9 können sich die Kanarischen Inseln im Rahmen der Höchstmenge von 800 Tonnen jährlich weiterhin mit für die industrielle Verarbeitung bestimmtem Magermilchpulver des KN-Codes 1901 90 99 (Magermilchpulver mit pflanzlichem Fett) versorgen. Die Beihilfe, die für die Versorgung mit diesem Erzeugnis aus der Union gewährt wird, darf 210 EUR je Tonne nicht überschreiten und ist im Höchstbetrag gemäß Artikel 30 enthalten. Dieses Erzeugnis ist nur zum örtlichen Verbrauch bestimmt.

Artikel 17

Reis

Auf die Einfuhr von für den dortigen Verbrauch bestimmten Erzeugnissen der KN-Codes 1006 10, 1006 20 und 1006 40 00 in das französische überseeische Departement Réunion werden keine Einfuhrzölle erhoben.

Artikel 18

Kontrollen und Sanktionen

(1) Die unter die besondere Versorgungsregelung fallenden Erzeugnisse unterliegen Verwaltungskontrollen bei der Einfuhr oder der Verbringung in die Regionen in äußerster Randlage sowie bei der Ausfuhr oder der Verbringung aus diesen Regionen.

Die Kommission erlässt Durchführungsrechtsakte betreffend die Mindestkriterien für die von den Mitgliedstaaten durchzuführenden Kontrollen. Diese Durchführungsrechtsakte werden gemäß dem in Artikel 34 Absatz 2 genannten Prüfverfahren erlassen.

(2) Wenn ein Marktteilnehmer gemäß Artikel 12 — außer in Fällen höherer Gewalt oder außergewöhnlicher Witterungsbedingungen — gegen die in Anwendung von Artikel 12 eingegangenen Verpflichtungen verstößt, ergreift die zuständige Behörde unbeschadet jeglicher nach nationalem Recht anwendbarer Sanktionen folgende Maßnahmen:

a) Wiedereinziehung der dem Marktteilnehmer gewährten Vergünstigung;

b) je nach Schwere des Verstoßes zeitweise Aussetzung oder Streichung des Eintrags des Marktteilnehmers im Register.

(3) Führt ein Marktteilnehmer gemäß Artikel 12 die vorgesehene Einfuhr oder Verbringung nicht durch, so setzt die zuständige Behörde — außer im Falle höherer Gewalt oder außergewöhnlicher Witterungsbedingungen — für die auf den letzten Gültigkeitstag der Lizenz bzw. Bescheinigung folgenden 60 Tage sein Recht aus, eine Lizenz bzw. Bescheinigung zu beantragen. Nach dieser Frist werden während eines von der zuständigen Behörde zu bestimmenden Zeitraums weitere Lizenzen bzw. Bescheinigungen nur erteilt, sofern eine Sicherheit in Höhe der zu gewährenden Vergünstigung geleistet wird.

Die zuständige Behörde trifft die notwendigen Maßnahmen, um die Mengen an Erzeugnissen wiederzuverwenden, die aufgrund von nicht bzw. nur teilweise verwendeten oder für ungültig erklärten Lizenzen bzw. Bescheinigungen oder aufgrund der Wiedereinziehung der Vergünstigung weiterhin zur Verfügung stehen.

KAPITEL IV

MASSNAHMEN ZUGUNSTEN DER ÖRTLICHEN LANDWIRTSCHAFTLICHEN ERZEUGNISSE

Artikel 19

Maßnahmen

(1) Die POSEI-Programme umfassen spezifische Maßnahmen zugunsten der örtlichen landwirtschaftlichen Erzeugung gemäß Titel III im dritten Teil des Vertrages, die zur Gewährleistung der Kontinuität und der Entwicklung der örtlichen landwirtschaftlichen Erzeugung der einzelnen Regionen in äußerster Randlage erforderlich sind.

(2) Die den Maßnahmen zugunsten der örtlichen landwirtschaftlichen Erzeugung gewidmeten Teile des Programms, die den Zielen von Artikel 2 Rechnung tragen, umfassen mindestens Folgendes:

a) eine quantifizierte Beschreibung der Lage der betreffenden landwirtschaftlichen Erzeugung, die den vorliegenden Bewertungsergebnissen Rechnung trägt und in der die Entwicklungsdisparitäten, -lücken und -potenziale, die mobilisierten Finanzmittel und die wichtigsten Ergebnisse der bislang durchgeführten Maßnahmen dargelegt sind;

b) eine Beschreibung der vorgeschlagenen Strategie, der ausgewählten Schwerpunkte und der quantifizierten allgemeinen und operationellen Ziele sowie eine Beurteilung der erwarteten wirtschaftlichen, ökologischen und sozialen Auswirkungen, auch in Bezug auf die Beschäftigung;

c) eine Beschreibung der geplanten Maßnahmen, insbesondere der Beihilferegelungen für ihre Durchführung, sowie gegebenenfalls Angaben zum Bedarf an Studien, Demonstrationsvorhaben, Ausbildungsmaßnahmen und technischer Hilfe im Zusammenhang mit der Vorbereitung, Durchführung oder Anpassung der betreffenden Maßnahmen;

d) die Liste der Beihilfen, bei denen es sich um Direktzahlungen im Sinne von Artikel 2 Buchstabe d der Verordnung (EG) Nr. 73/2009 handelt;

e) den für jede Maßnahme festgesetzten Beihilfebetrag und den vorläufigen Betrag für jede Aktion zum Erreichen eines oder mehrerer Ziele des Programms.

(3) Die Kommission erlässt Durchführungsrechtsakte zu den Anforderungen für die Zahlung der Beihilfen gemäß Absatz 2. Diese Durchführungsrechtsakte werden gemäß dem in Artikel 34 Absatz 2 genannten Prüfverfahren erlassen.

(4) Das Programm kann Maßnahmen zur Förderung der Erzeugung, der Verarbeitung oder der Vermarktung landwirtschaftlicher Erzeugnisse in den Regionen in äußerster Randlage beinhalten.

Jede Maßnahme kann in Aktionen unterteilt werden. Für jede Aktion ist im Programm mindestens Folgendes festgelegt:

a) die Empfänger;

b) die Voraussetzungen für die Förderfähigkeit;

c) der Einheitsbetrag der Beihilfe.

Um die Vermarktung der Erzeugnisse außerhalb ihrer Erzeugungsregion zu unterstützen, wird der Kommission die Befugnis übertragen, gemäß Artikel 33 in Bezug auf die Bedingungen für die Festsetzung der Höhe der Vermarktungsbeihilfe und gegebenenfalls die Bedingungen für die Festsetzung der Mengen an Erzeugnissen, für die diese Beihilfe gewährt werden kann, delegierte Rechtsakte zu erlassen.

Artikel 20

Kontrollen und unrechtmäßig gezahlte Beträge

(1) Die Kontrollen von Maßnahmen nach diesem Kapitel werden im Rahmen von Verwaltungskontrollen und von Kontrollen vor Ort durchgeführt.

(2) Im Falle unrechtmäßig gezahlter Beträge ist der betreffende Empfänger verpflichtet, die betreffenden Beträge zurückzuzahlen. Artikel 80 der Verordnung (EG) Nr. 1122/2009 der Kommission vom 30. November 2009 mit Durchführungsbestimmungen zur Verordnung (EG) Nr. 73/2009 des Rates hinsichtlich der Einhaltung anderweitiger Verpflichtungen, der Modulation und des integrierten Verwaltungs- und Kontrollsystems im Rahmen der Stützungsregelungen für Inhaber landwirtschaftlicher Betriebe gemäß der genannten Verordnung und mit Durchführungsbestimmungen zur Verordnung (EG) Nr. 1234/2007 hinsichtlich der Einhaltung anderweitiger Verpflichtungen im Rahmen der Stützungsregelung für den Weinsektor [1] gilt entsprechend.

KAPITEL V

FLANKIERENDE MASSNAHMEN

Artikel 21

Logo

(1) Es wird ein Logo geschaffen, um den Bekanntheitsgrad und den Verbrauch unverarbeiteter oder verarbeiteter landwirtschaftlicher Qualitätserzeugnisse, die für die Regionen in äußerster Randlage typisch sind, zu verbessern.

(2) Die Bedingungen für die Verwendung des Logos gemäß Absatz 1 werden von den betreffenden Berufsverbänden vorgeschlagen. Die nationalen Behörden legen der Kommission diese mit ihrer Stellungnahme versehenen Vorschläge vor.

Die Verwendung des Logos wird von einer Behörde oder einer von den zuständigen nationalen Behörden zugelassenen Einrichtung kontrolliert.

(3) Der Kommission wird die Befugnis übertragen, gemäß Artikel 33 in Bezug auf die Bedingungen für die Ausübung des Rechts auf Verwendung des Logos sowie die Bedingungen für seine Reproduktion und Verwendung delegierte Rechtsakte zu erlassen. Diese Bedingungen werden festgelegt, um den Bekanntheitsgrad landwirtschaftlicher Qualitätserzeugnisse der Regionen in äußerster Randlage zu verbessern und deren Verbrauch zu fördern, unabhängig davon, ob diese Erzeugnisse unverarbeitet oder verarbeitet sind.

(4) Die Kommission erlässt Durchführungsrechtsakte im Zusammenhang mit den näheren Vorschriften zur Verwendung des Logos sowie den Mindestkriterien für die Kontrolle und Überwachung durch die Mitgliedstaaten. Diese Durchführungsrechtsakte werden gemäß dem in Artikel 34 Absatz 2 genannten Prüfverfahren erlassen.

Artikel 22

Entwicklung des ländlichen Raums

(1) Ungeachtet des Artikels 39 Absatz 4 der Verordnung (EG) Nr. 1698/2005 können die im Rahmen der Beihilfe der Union möglichen jährlichen Höchstbeträge im Sinne von Anhang I der genannten Verordnung für Maßnahmen zum Schutz der Seen auf den Azoren und zur Erhaltung des Landschaftsbildes, der biologischen Vielfalt und der traditionellen Merkmale der Landbaugebiete sowie zur Erhaltung der Trockenmauern in den Regionen in äußerster Randlage bis auf das Doppelte angehoben werden.

(2) Die Maßnahmen gemäß Absatz 1 dieses Artikels sind gegebenenfalls im Rahmen der für diese Regionen erstellten Programme gemäß Artikel 16 der Verordnung (EG) Nr. 1698/2005 zu beschreiben.

Artikel 23

Staatliche Beihilfen

(1) Für die Erzeugung, Verarbeitung und Vermarktung der unter Anhang I des Vertrags fallenden landwirtschaftlichen Erzeugnisse, auf die die Artikel 107, 108 und 109 des Vertrags anwendbar sind, kann die Kommission gemäß Artikel 108 des Vertrags Betriebsbeihilfen genehmigen im Hinblick auf den Ausgleich der durch die Abgelegenheit, die Insellage und die äußerste Randlage bedingten spezifischen Sachzwänge für die landwirtschaftliche Erzeugung in den Regionen in äußerster Randlage.

[1] ABl. L 316 vom 2.12.2009, S. 65.

(2) Die Mitgliedstaaten können eine ergänzende Finanzierung für die Durchführung der POSEI-Programme gewähren. In diesem Fall müssen die Mitgliedstaaten der Kommission die staatliche Beihilfe mitteilen und die Kommission kann diese im Einklang mit der vorliegenden Verordnung als Bestandteil dieser Programme genehmigen. Die angemeldeten Beihilfen werden als im Sinne von Artikel 108 Absatz 3 erster Satz des Vertrages angemeldet betrachtet.

(3) Frankreich kann für den Zuckersektor in den französischen Regionen in äußerster Randlage eine Beihilfe in Höhe von bis zu 90 Mio. EUR je Wirtschaftsjahr gewähren.

Frankreich teilt der Kommission binnen 30 Tagen nach Ende jedes Wirtschaftsjahres mit, welcher Beihilfebetrag tatsächlich gewährt wurde.

(4) Unbeschadet der Absätze 1 und 2 dieses Artikels und abweichend von Artikel 180 Absatz 1 der Verordnung (EG) Nr. 1234/2007 sowie von Artikel 3 der Verordnung (EG) Nr. 1184/2006 des Rates vom 24. Juli 2006 zur Anwendung bestimmter Wettbewerbsregeln auf die Produktion landwirtschaftlicher Erzeugnisse und den Handel mit diesen Erzeugnissen [1] finden die Artikel 107, 108 und 109 des Vertrages keine Anwendung auf Zahlungen, die von den Mitgliedstaaten entsprechend den Bestimmungen der vorliegenden Verordnung gemäß Kapitel IV dieser Verordnung, gemäß Absatz 3 dieses Artikels und gemäß Artikel 24 und 28 dieser Verordnung getätigt werden.

Artikel 24

Pflanzenschutzprogramme

(1) Die Mitgliedstaaten legen der Kommission Programme zur Bekämpfung von Schadorganismen der Pflanzen oder pflanzlichen Erzeugnisse in den Regionen in äußerster Randlage vor. In diesen Programmen sind insbesondere die Zielvorgaben, die durchzuführenden Maßnahmen, ihre Laufzeit und ihre Kosten festgelegt.

Die Kommission bewertet die vorgelegten Programme. Die Kommission erlässt Durchführungsrechtsakte zur Billigung bzw. Ablehnung dieser Programme. Diese Durchführungsrechtsakte werden gemäß dem in Artikel 34 Absatz 2 genannten Prüfverfahren erlassen.

(2) Die Union beteiligt sich an der Finanzierung der Programme gemäß Absatz 1 auf Basis einer technischen Analyse der Situation in der jeweiligen Region.

Diese Beteiligung kann sich auf bis zu 75 % der zuschussfähigen Ausgaben belaufen. Die Zahlung erfolgt auf der Grundlage der von den Mitgliedstaaten vorgelegten Unterlagen. Falls nötig, kann die Kommission Kontrollen veranlassen und von Sachverständigen im Sinne des Artikels 21 der Richtlinie 2000/29/EG des Rates vom 8. Mai 2000 über Maßnahmen zum Schutz der Gemeinschaft gegen die Einschleppung und Ausbreitung von Schadorganismen der Pflanzen und Pflanzenerzeugnisse [2] vornehmen lassen.

(3) Die Kommission erlässt Durchführungsrechtsakte in Bezug auf jede Region und jedes Programm, um anhand der Kriterien nach Absatz 2 und entsprechend dem gemäß Absatz 1 vorgelegten Programm Folgendes festzusetzen:

a) die finanzielle Beteiligung der Union sowie die Höhe der Beihilfe;

b) die für die Finanzierung durch die Union in Frage kommenden Maßnahmen.

Diese Durchführungsrechtsakte werden gemäß dem in Artikel 34 Absatz 2 genannten Prüfverfahren erlassen.

Artikel 25

Wein

(1) Die Maßnahmen gemäß den Artikeln 103v, 103w und 103x sowie 182a der Verordnung (EG) Nr. 1234/2007 gelten nicht für die Azoren und Madeira.

(2) Ungeachtet von Artikel 120a Absatz 2 Unterabsatz 2 der Verordnung (EG) Nr. 1234/2007 dürfen die in den Regionen Azoren und Madeira geernteten Weintrauben der Rebsorten gemäß Buchstabe b des genannten Unterabsatzes für die Erzeugung von Wein verwendet werden, der jedoch nur innerhalb der genannten Regionen in den Verkehr gebracht werden darf.

Portugal sorgt gegebenenfalls unter Rückgriff auf die Unterstützung, die in Artikel 103q der Verordnung (EG) Nr. 1234/2007 vorgesehen ist, dafür, dass die Rebsorten gemäß Artikel 120a Absatz 2 Unterabsatz 2 Buchstabe b der genannten Verordnung schrittweise von den bepflanzten Parzellen entfernt werden.

(3) Abweichend von Artikel 85f der Verordnung (EG) Nr. 1234/2007 gilt die Übergangsregelung für das Pflanzrechtesystem für die Kanarischen Inseln bis zum 31. Dezember 2012.

Artikel 26

Milch

(1) Zum Zwecke der Aufteilung der zu erhebenden Überschussabgabe gemäß Artikel 79 der Verordnung (EG) Nr. 1234/2007 werden nur Erzeuger, die im Sinne von Artikel 65 Buchstabe c der genannten Verordnung auf den Azoren ansässig und dort tätig sind, und Mengen vermarkten, die ihre Quote, erhöht um den gemäß Unterabsatz 3 des vorliegenden Absatzes bestimmten Prozentsatz, überschreiten, als Erzeuger angesehen, die zu der Überschreitung beigetragen haben.

---

[1] ABl. L 214 vom 4.8.2006, S. 7.

[2] ABl. L 169 vom 10.7.2000, S. 1.

Die Überschussabgabe ist für die Mengen zu entrichten, die die um den Prozentsatz gemäß Unterabsatz 3 erhöhte Quote überschreiten, nachdem die ungenutzten Mengen innerhalb der sich aus dieser Erhöhung ergebenen Marge unter den auf den Azoren ansässigen und dort tätigen Erzeugern im Sinne von Artikel 65 Buchstabe c der Verordnung (EG) Nr. 1234/2007 anteilig zur Quote, über die jeder dieser Erzeuger verfügt, neu zugewiesen wurden.

Der Prozentsatz gemäß Unterabsatz 1 ist gleich dem Verhältnis zwischen den Mengen von 23 000 Tonnen ab dem Absatzjahr 2005/2006 und der Summe der am 31. März 2010 in den einzelnen Betrieben verfügbaren Quoten. Er gilt nur für die am 31. März 2010 verfügbaren Quoten.

(2) Die vermarkteten Milch- oder Milchäquivalentmengen, die über die Quoten hinausgehen, jedoch innerhalb des Prozentsatzes gemäß Absatz 1 Unterabsatz 3 nach der in Absatz 1 genannten Neuzuweisung liegen, werden bei der Berechnung einer etwaigen Überschreitung Portugals gemäß Artikel 66 der Verordnung (EG) Nr. 1234/2007 nicht berücksichtigt.

(3) Die Regelung für die Überschussabgabe zulasten der Milcherzeuger gemäß der Verordnung (EG) Nr. 1234/2007 gilt weder für die französischen überseeischen Departments noch — im Rahmen einer örtlichen Milcherzeugung von 4 000 Tonnen — für Madeira.

(4) Ungeachtet von Artikel 114 Absatz 2 der Verordnung (EG) Nr. 1234/2007 ist auf Madeira und im französischen überseeischen Departement Réunion im Rahmen des örtlichen Bedarfs die Herstellung von rekonstituierter UHT-Milch aus Milchpulver mit Ursprung in der Union zulässig, soweit mit dieser Maßnahme die Sammlung und der Absatz der vor Ort erzeugten Milch nicht behindert werden. Weist Frankreich nach, dass eine solche Maßnahme für die französischen überseeischen Departements Martinique, Guadeloupe und Französisch-Guayana zweckmäßig ist, wird der Kommission die Befugnis übertragen, soweit notwendig gemäß Artikel 33 delegierte Rechtsakte zu erlassen, um die genannte Maßnahme auf diese Departements auszuweiten. Dieses Erzeugnis ist nur zum örtlichen Verbrauch bestimmt.

Die Art der Herstellung derart rekonstituierter UHT-Milch muss auf dem Verkaufsetikett deutlich angegeben werden.

Artikel 27

Tierhaltung

(1) Solange der örtliche Bestand an männlichen Jungrindern nicht einen Umfang erreicht hat, der die Aufrechterhaltung und Entwicklung der örtlichen Fleischerzeugung in den französischen überseeischen Departements und auf Madeira gewährleistet, dürfen aus Drittländern stammende Rinder, die zur Mast und zum Verbrauch in den französischen überseeischen Departements und auf Madeira bestimmt sind, eingeführt werden, ohne dass die Einfuhrzölle des gemeinsamen Zolltarifs erhoben werden. Die Kommission erlässt Durchführungsrechtsakte hinsichtlich der für die Anwendung dieses Unterabsatzes erforderlichen Maßnahmen und insbesondere der Modalitäten der Einfuhrzollbefreiung für männliche Jungrinder für die französischen überseeischen Departements und Madeira. Diese Durchführungsrechtsakte werden gemäß dem in Artikel 34 Absatz 2 genannten Prüfverfahren erlassen.

Artikel 13 und Artikel 14 Absatz 1 finden auf die Tiere Anwendung, für die die in Unterabsatz 1 dieses Absatzes genannte Befreiung gilt.

(2) Die Anzahl Tiere, für die die in Absatz 1 genannte Befreiung gilt, wird in den POSEI-Programmen festgesetzt, wenn angesichts der Entwicklung der örtlichen Erzeugung ein gerechtfertigter Einfuhrbedarf besteht. Diese Tiere sind vorrangig für Erzeuger bestimmt, bei denen mindestens 50 % der Masttiere aus örtlicher Erzeugung stammen.

Der Kommission wird die Befugnis übertragen, gemäß Artikel 33 delegierte Rechtsakte zu erlassen, die die Bedingungen der Einfuhrzollbefreiung festlegen. Diese Bedingungen tragen den örtlichen Besonderheiten des Rindersektors und der nachgeschalteten Industrie Rechnung.

(3) Bei Anwendung von Artikel 52 und Artikel 53 Absatz 1 der Verordnung (EG) Nr. 73/2009 kann Portugal die sich auf Zahlungen für Schaf- und Ziegenfleisch und auf Mutterkuhprämienansprüche beziehende Komponente der nationalen Obergrenze verringern. In diesem Fall erlässt die Kommission Durchführungsrechtsakte hinsichtlich des entsprechenden Betrags, der von den gemäß Artikel 52 und Artikel 53 Absatz 1 der Verordnung (EG) Nr. 73/2009 festgesetzten Obergrenzen auf die in Artikel 30 Absatz 2 zweiter Gedankenstrich der vorliegenden Verordnung vorgesehene Mittelausstattung übertragen wird. Diese Durchführungsrechtsakte werden gemäß dem in Artikel 34 Absatz 2 genannten Prüfverfahren erlassen.

Artikel 28

Staatliche Beihilfe für die Tabakerzeugung

Spanien wird ermächtigt, eine Beihilfe für die Erzeugung von Tabak auf den Kanarischen Inseln zu gewähren. Die Gewährung dieser Beihilfe darf nicht zu Diskriminierungen zwischen den dortigen Erzeugern führen.

Der Betrag der Beihilfe darf 2 980,62 EUR/Tonne nicht überschreiten. Die zusätzliche Beihilfe wird für höchstens 10 Tonnen jährlich gewährt.

Artikel 29

Zollbefreiung für Tabak

(1) Bei der Direkteinfuhr von rohem und halbverarbeitetem Tabak der nachstehend aufgeführten KN-Codes auf die Kanarischen Inseln wird kein Zoll erhoben:

a) KN-Code 2401 und

b) folgende Unterpositionen:

— 2401 10 Rohtabak, nicht entrippt,

— 2401 20 Rohtabak, teilweise oder ganz entrippt,

— ex 2401 20 äußere Deckblätter für Zigarren auf Unterlagen, in Rollen, zur Herstellung von Tabakerzeugnissen,

— 2401 30 Tabakabfälle,

— ex 2402 10 Zigarren ohne Deckblatt,

— ex 2403 10 Schnitttabak (fertige Tabakmischungen für die Herstellung von Zigaretten, Zigarillos und Zigarren),

— ex 2403 91 homogenisierter oder rekonstituierter Tabak, auch in Form von Blättern oder Folien,

— ex 2403 99 expandierter Tabak.

Die Zollbefreiung gemäß Unterabsatz 1 wird anhand der Bescheinigungen gemäß Artikel 12 gewährt.

Die Zollbefreiung gilt bis zu einer jährlichen Einfuhrmenge von 20 000 Tonnen, in Äquivalent entrippter Rohtabak, für die Erzeugnisse gemäß Unterabsatz 1, die auf den Kanarischen Inseln zur Herstellung von Tabakwaren bestimmt sind.

(2) Die Kommission erlässt Durchführungsrechtsakte hinsichtlich der für die Anwendung von Absatz 1 erforderlichen Maßnahmen und insbesondere der Modalitäten der Einfuhrzollbefreiung für auf die Kanarischen Inseln eingeführten Tabak. Diese Durchführungsrechtsakte werden gemäß dem in Artikel 34 Absatz 2 genannten Prüfverfahren erlassen.

KAPITEL VI

FINANZBESTIMMUNGEN

Artikel 30

Mittelausstattung

(1) Die in der vorliegenden Verordnung vorgesehenen Maßnahmen stellen Interventionen zur Regulierung der Agrarmärkte im Sinne von Artikel 3 Absatz 1 Buchstabe b der Verordnung (EG) Nr. 1290/2005 des Rates vom 21. Juni 2005 über die Finanzierung der Gemeinsamen Agrarpolitik ([1]) dar. Davon ausgenommen sind die in den folgenden Artikeln geregelten Maßnahmen:

a) Artikel 22 und

b) Artikel 24 ab dem Datum der Anwendung des mehrjährigen Finanzrahmens für die Jahre 2014-2020.

(2) Die Union finanziert die Maßnahmen der Kapitel III und IV für jedes Haushaltsjahr im Rahmen der folgenden Jahresbeträge:

— für die französischen überseeischen Departements: 278,41 Mio. EUR,

— für die Azoren und Madeira: 106,21 Mio. EUR,

— für die Kanarischen Inseln: 268,42 Mio. EUR.

(3) Die den Maßnahmen gemäß Kapitel III für jedes Haushaltsjahr zugewiesenen Beträge dürfen folgende Beträge nicht überschreiten:

— für die französischen überseeischen Departements: 26,9 Mio. EUR,

— für die Azoren und Madeira: 21,2 Mio. EUR,

— für die Kanarischen Inseln: 72,7 Mio. EUR.

Die Kommission erlässt Durchführungsrechtsakte zur Festlegung der Anforderungen, nach denen die Mitgliedstaaten die Zuweisung der Mittel, die den verschiedenen unter die besondere Versorgungsregelung fallenden Erzeugnissen jährlich zugeteilt werden, ändern können. Diese Durchführungsrechtsakte werden gemäß dem in Artikel 34 Absatz 2 genannten Prüfverfahren erlassen.

(4) Der Kommission wird die Befugnis übertragen, gemäß Artikel 33 in Bezug auf die Bedingungen für die Festsetzung des Jahreshöchstbetrags, der für Maßnahmen zur Finanzierung von Studien, Demonstrationsvorhaben, Ausbildungsmaßnahmen und technischer Hilfe zugeteilt werden kann, sofern diese Zuteilung angemessen und verhältnismäßig ist, delegierte Rechtsakte zu erlassen.

(5) Für das Haushaltsjahr 2013 gewährt die Union eine ergänzende Finanzierung für den Bananensektor der Regionen in äußerster Randlage bis zu folgenden Höchstbeträgen:

— für die französischen überseeischen Departements: 18,52 Mio. EUR,

— für die Azoren und Madeira: 1,24 Mio. EUR,

— für die Kanarischen Inseln: 20,24 Mio. EUR.

([1]) ABl. L 209 vom 11.8.2005, S. 1.

KAPITEL VII

ALLGEMEINE UND SCHLUSSBESTIMMUNGEN

Artikel 31

Nationale Maßnahmen

Die Mitgliedstaaten treffen die erforderlichen Maßnahmen, um die Einhaltung dieser Verordnung, insbesondere hinsichtlich der Kontrollmaßnahmen und der Verwaltungssanktionen, zu gewährleisten, und unterrichten die Kommission darüber.

Artikel 32

Mitteilungen und Berichte

(1) Die Mitgliedstaaten teilen der Kommission bis spätestens 15. Februar jeden Jahres mit, in welcher Höhe sie die ihnen zur Verfügung gestellten Mittel im darauffolgenden Jahr für die Durchführung der Bedarfsvorausschätzungen und der einzelnen Maßnahmen der POSEI-Programme zugunsten der örtlichen landwirtschaftlichen Produktion zu verwenden beabsichtigen.

(2) Die Mitgliedstaaten legen der Kommission bis spätestens 30. September jeden Jahres einen Bericht über die Durchführung der in dieser Verordnung vorgesehenen Maßnahmen im Vorjahr vor.

(3) Bis zum 30. Juni 2015 und anschließend alle fünf Jahre legt die Kommission dem Europäischen Parlament und dem Rat einen allgemeinen Bericht — gegebenenfalls mit entsprechenden Vorschlägen — vor, in dem die Wirkung der aufgrund dieser Verordnung durchgeführten Maßnahmen, einschließlich der Maßnahmen im Bananen- und im Milchsektor, dargelegt ist.

(4) Die Kommission nimmt in die Analysen, Studien und Bewertungen, die sie im Rahmen von Handelsabkommen und der Gemeinsamen Agrarpolitik vornimmt, jeweils ein spezifisches Kapitel auf, wenn es um ein Thema geht, das für die Regionen in äußerster Randlage von besonderer Bedeutung ist.

Artikel 33

Ausübung der Befugnisübertragung

(1) Die Befugnis zum Erlass delegierter Rechtsakte wird der Kommission unter den in diesem Artikel festgelegten Bedingungen übertragen.

(2) Die Befugnis zum Erlass delegierter Rechtsakte gemäß Artikel 12 Absatz 2 Unterabsatz 2, Artikel 19 Absatz 4 Unterabsatz 3, Artikel 21 Absatz 3, Artikel 26 Absatz 4 Unterabsatz 1, Artikel 27 Absatz 2 Unterabsatz 2 und Artikel 30 Absatz 4 wird der Kommission für einen Zeitraum von fünf Jahren ab dem 21. März 2013 übertragen. Die Kommission erstellt spätestens neun Monate vor Ablauf des Zeitraums von fünf Jahren einen Bericht über die Befugnisübertragung. Die Befugnisübertragung verlängert sich stillschweigend um Zeiträume gleicher Länge, es sei denn, das Europäische Parlament oder der Rat widersprechen einer solchen Verlängerung spätestens drei Monate vor Ablauf des jeweiligen Zeitraums.

(3) Die Befugnisübertragung gemäß Artikel 12 Absatz 2 Unterabsatz 2, Artikel 19 Absatz 4 Unterabsatz 3, Artikel 21 Absatz 3, Artikel 26 Absatz 4 Unterabsatz 1, Artikel 27 Absatz 2 Unterabsatz 2 und Artikel 30 Absatz 4 kann vom Europäischen Parlament oder vom Rat jederzeit widerrufen werden. Der Beschluss über den Widerruf beendet die Übertragung der in diesem Beschluss angegebenen Befugnis. Er wird am Tag nach seiner Veröffentlichung im *Amtsblatt der Europäischen Union* oder zu einem im Beschluss über den Widerruf angegebenen späteren Zeitpunkt wirksam. Die Gültigkeit von delegierten Rechtsakten, die bereits in Kraft sind, wird von dem Beschluss über den Widerruf nicht berührt.

(4) Sobald die Kommission einen delegierten Rechtsakt erlässt, übermittelt sie ihn gleichzeitig dem Europäischen Parlament und dem Rat.

(5) Ein delegierter Rechtsakt, der gemäß Artikel 12 Absatz 2 Unterabsatz 2, Artikel 19 Absatz 4 Unterabsatz 3, Artikel 21 Absatz 3, Artikel 26 Absatz 4 Unterabsatz 1, Artikel 27 Absatz 2 Unterabsatz 2 und Artikel 30 Absatz 4 erlassen wurde, tritt nur in Kraft, wenn weder das Europäische Parlament noch der Rat innerhalb einer Frist von zwei Monaten nach Übermittlung dieses Rechtsakts an das Europäische Parlament und den Rat Einwände erhoben haben oder wenn vor Ablauf dieser Frist sowohl das Europäische Parlament als auch der Rat der Kommission mitgeteilt haben, dass sie keine Einwände erheben werden. Auf Initiative des Europäischen Parlaments oder des Rates wird diese Frist um zwei Monate verlängert.

Artikel 34

Ausschussverfahren

(1) Die Kommission wird durch den Verwaltungsausschuss für Direktzahlungen unterstützt, der mit Artikel 141 der Verordnung (EG) Nr. 73/2009 eingesetzt wurde, außer bei der Durchführung von Artikel 24 dieser Verordnung, bei der die Kommission durch den Ständigen Ausschuss für Pflanzenschutz unterstützt wird, der durch den Beschluss 76/894/EWG des Rates [1] geschaffen wurde. Diese Ausschüsse sind Ausschüsse im Sinne der Verordnung (EU) Nr. 182/2011.

(2) Wird auf diesen Absatz Bezug genommen, so gilt Artikel 5 der Verordnung (EU) Nr. 182/2011.

Artikel 35

Überprüfung

Die Kommission unterzieht diese Bestimmungen vor Ende 2013 einer Überprüfung im Hinblick auf ihre Gesamtwirksamkeit und den neuen politischen Rahmen der GAP und legt erforderlichenfalls entsprechende Vorschläge für eine überarbeitete POSEI-Regelung vor.

---

(1) ABl. L 340 vom 9.12.1976, S. 25.

Artikel 36

Aufhebung

Die Verordnung (EG) Nr. 247/2006 wird aufgehoben.

Verweise auf die aufgehobene Verordnung gelten als Verweise auf die vorliegende Verordnung und sind gemäß der Entsprechungstabelle im Anhang zu lesen.

Artikel 37

Inkrafttreten

Diese Verordnung tritt am Tag nach ihrer Veröffentlichung im *Amtsblatt der Europäischen Union* in Kraft.

Diese Verordnung ist in allen ihren Teilen verbindlich und gilt unmittelbar in jedem Mitgliedstaat.

Geschehen zu Straßburg am 13. März 2013.

Für das Europäische Parlament
Der Präsident
M. SCHULZ

Für den Rat
Die Präsidentin
L. CREIGHTON

ANHANG

Entsprechungstabelle

Verordnung (EG) Nr. 247/2006	Vorliegende Verordnung
Artikel 1	Artikel 1
Artikel 2	Artikel 9
Artikel 3 Absätze 1 und 2	Artikel 10 Absätze 1 und 2
—	Artikel 10 Absatz 3
—	Artikel 10 Absatz 4
Artikel 3 Absatz 3	Artikel 11
Artikel 3 Absatz 4	Artikel 13
Artikel 4 Absätze 1 und 2	Artikel 14 Absätze 1 und 2
—	Artikel 14 Absatz 3
—	Artikel 14 Absatz 4
Artikel 4 Absatz 3	Artikel 14 Absatz 5
Artikel 5	Artikel 15
Artikel 6	Artikel 16
Artikel 7	Artikel 17
Artikel 8 letzter Satz	Artikel 12 Absatz 3
Artikel 9 Absatz 1 und Artikel 10	Artikel 19 Absatz 1
Artikel 9 Absätze 2 und 3	Artikel 3
Artikel 11	Artikel 4
Artikel 12 Buchstaben a, b und c	Artikel 19 Absatz 2 Buchstaben a, b und c
Artikel 12 Buchstaben d, e, f und g	Artikel 5
Artikel 13	Artikel 8 Absatz 2
Artikel 14	Artikel 21
Artikel 15	Artikel 22
Artikel 16	Artikel 23
Artikel 17	Artikel 24
Artikel 18	Artikel 25
Artikel 19	Artikel 26
Artikel 20	Artikel 27

Verordnung (EG) Nr. 247/2006	Vorliegende Verordnung
Artikel 21	Artikel 28
Artikel 22	Artikel 29
Artikel 23	Artikel 30
Artikel 24	Artikel 6
Artikel 27	Artikel 31
Artikel 28	Artikel 32
Artikel 29	Artikel 36
Artikel 33	Artikel 37